Zustand:

zur Zeit zerliebt

Lyrische Betrachtungen über die Liebe

von Armin Dietersberger

in bayerischer und deutscher Sprache

Und die Liebe ist stark
die Liebe ist groß
die Liebe ist gewichtig
sie lässt mich nicht mehr los

D` Zenzi

wetzt ihrn Zentna zaundürr

durch d` Dür

steht rum

krumm ummadum

im Raum

schaut so schei

an schena Schorschi

schüchtern o

werd rot

ohne Not

wünschat sie waar dot

de Liab

de leibliche Liab

des leidige Liad

verschont sie ned

welch Gfrett

saubläd

Das war ein Anfang
der hat gesessen
sucht nicht den Anhang
jetzt wird gegessen
Liebe geht durch den Magen
ihr könnt `s vertragen
das klingt zwar platt
und macht niemanden satt
aber ich spür` euren Hunger nach Versen
subtilen und diversen
also lasst euch ein auf diese Weise
auf eine wundersame Reise

Ich hab `s getan
fang` noch mal von vorne an
besteige meinen Kahn
und ziehe wieder meine Bahn
bin einfach süchtig danach
auch wenn du mahnst: gemach
ich reime weiter
unbeirrt und heiter
der rote Bulle flattert davon
was heißt das schon

frag` nicht nach meinem Lohn

nun, da neue Gefahren droh`n

graduell

punktuell

rasend schnell

im Namen des Volkes virtuell

Liebe

Liebe ist eine Sache

immer in der Mache

Liebe

dass ich nicht lache

ach je

mich friert im großen Zeh

Liebe

und davon willst du singen

wie soll denn das klingen

nun, ich werde über meinen Schatten springen

dir Freude bringen

na denn, dann zu

aber lass mich in Ruh`

Hornochs, romantischer du

- blöde Kuh

Zertifizieren sie sich

- ich bin ich

Zugangscode eingeben

- ich versuche mich am Überleben

bin ein Getriebener

mein eigener Hinterbliebener

und du wirst merken

ich habe viele Facetten

Stärken

und die weniger netten

die man

wenn man mich nicht liebt

ausnützt

und nicht vergibt

es stimmt

Liebe macht blind

ich muss mich neu norden

wenn `s sein muss

mein Alter Ego ermorden

radikal sein als großes Plus

einen Schlussstrich zieh`n

mit Kussmund als Fixstern verglüh`n

Identifikation angenommen

jetzt ich bin angekommen

bin drin in der Verlosung

und warte auf Liebkosung

Eintauchen in die Welt
wo Geld
so gar nicht zählt
die der großen Gefühle
ich spür` die süsse Schwüle
da, wo die Emotionen
sorgenfrei wohnen
und als einziger Herrscher thronen
dich reich dafür entlohnen
weil du sie an dich ran lässt
sie aus ihrem Bann presst
du kannst in Erinnerungen schwelgen
wie der PS-Freak von Leichtmetallfelgen
gehst vollkommen darin auf
lässt deinen Gedanken freien Lauf
und spürst
berührst
ein Blatt Papier
die Worte darauf verraten dir
du bist Fleisch und du bist Blut
und alles spricht für dich - wie gut
es gibt Glück und innige Liebe

auch ohne lästige Triebe

Von der Muse geküsst seist du
bin ich
Karin darin daram
Karin Karam Karo
etwas wie `ne Raute
bajuwarisch weiß und blau
rosa rot rose
Tulpe Nelke welke
Botanik Flora Fauna
im juhu im Walde
ein Männlein steht
Karin Kamin Armin
so ergeht es mir
verschmelze ich mit dir

Deine Frau heißt doch nicht Karin
stimmt, ich war wo anders drin
das ist doch pervers
nein, war nur im falschen Vers
denn die Verse müssen passen
um euch spüren zu lassen
jedes Wort, das hier genannt

ist mit Liebe an euch gesandt

Erzähl` mir von Liebe
vom Sand im Getriebe
erzähl` mir von dir
ich sag` dir, wie es wirkt in mir
erzähl` mir von Power
von deiner Trauer
erzähl` mir von dir
ich sag` dir, was es bewirkt in mir
erzähl` mir vom Stumpfsinn
und dass ich dein Rumpf bin
erzähl` mir von dir
und ich sag` dir, du wirkst in mir
erzähl` es ganz leise
und auf natürliche Weise
sage ich dir
bist du vollkommen
- in mir

I bin de ganze Zeit am Balkon drobn gsessn
hob dabei de Welt total vergessn
dann bist du kemma und host für mi gsunga
schee war `s ned, doch aus volla Lunga

hob trotzdem geschmachtet

dabei ned beachtet

des hod oana gsegn

und scho is des Drama fertig gwen

da Papparazzi hod ois niedagschriebn

nacha dann als Buach vertriebn

hättest du diese Nacht

nur dahoam bei dia verbracht

no oa Moi möcht i di gspürn

und dann unsa Werk vollführn

wia d` Lady Di und da Dodi in Paris

mia treffa uns wieda im Paradies

den Balkon gibt `s no oiwei in unsra Stood

aa wenn s` nimma so vui Feldbüsch hod

und waar da William ned gwen

dad da Romeo und i gwiß heit no lebn

Mit Liebe ping pong spielen

ich ping dich

ich pong dich

ping liebe dich

pong liebe dich

ich liebe ping

ich liebe pong

ich ping pong

ich pong ping

ich liebe ping pong

ich ping pong dich

ping pong dich

ich liebe pong ping

ping pong

ich liebe dich

mit Liebe ping pong spielen

mit der Liebe ping pong spielen

Freitag Nacht

Brunftzeit in da Bauerndisco

es werdn Bemerkungen gmacht

wia: an der is doch nix dro

de ziagt se fei sauscharf o

ob `s de aa in meim Manta ko

d` Musik is laut

d` Wärm is gstaut

es stampft da Beat

do muaß ma mit

fui mi wia da Dorfdepp

wei i dem nix obgwinna ko

hoaßt oiwei, geh doch mit, Sepp

do gibt `s geile Weiba

mit supa Leiba

und de zapf` ma o

danoch wird ogebn

wieda oane drogwen

wia spitz, dass `s war, des Luada

treibt `s sogar ganz ohne Fuada

do geht wos, woaßt scho

i vasteh di, sowieso

hob `s aa amoi mit ihr ausprobiert

und mia is as Gleiche wia dia passiert

da Dorfdepp danzt koan Discofox

er hasst des ganze Bauerngsocks

hod nur scheinbar a schlechts Gewissn

in dem Lodn hod a no koa oanzige aufgerissn

Grenze

- du bewegst dich

zwischen Travestie

und Realität

zur Gänze

fühlst du als Mann

als Frau

ist es zu spät

oder genau

das was du willst

bist du Frauenversteher

Geschlechterverdreher

eine Laune der Natur

was dich bewegt

unentwegt

ist die Lust an Versuchung pur

komm und

spiel` Zigan

halt` nicht an

spiel

ich lieb` das Jetzt

mein verruchtes Gefühl

Drei Worte

drei Tode

die berühmte Ode

ned ausgsprocha

liaba vakrocha

valorn

ohne Worte

einsam gstorbn

I brauch koan **G**rog

i hob a   **G**

trog aa koan **R**ock

i hob a   **R**

i geh durch koa **Ö**se

i hob a   **Ö**

gib ma koa **B**löße

i hob a   **B**

i brich dei **E**is

i hob a   **E**

woaß nix **N**eis

i hob a   **N**

i bin dei **Z**ampano

i hob a   **Z**

mog di **E**benso

i hob a   **E**

i hör koan Ton, form **L**ehm

i hob a   **L**

leb `s gern mit dia, mei **L**ebn

i steh auf di   **G R Ö B E N Z E L L**

Mc D

King B

auch Essen kann man lieben

wieso Essen

besangst es doch gerade

stocksteif und kerzengrade

du wohnst in Gröbenzell

- ich war zu schnell

hätt` ich fast vergessen

ja, ja schon wieder

immer die selben Lieder

Liebe macht vergesslich

weil man verlässlich

immer nur an `s eine denkt

wie man zuverlässig Liebe schenkt

ach so

na denn, also go

fast food

höchstes Gut

du Whopper

es klingt salopper

wenn ich sage

I `m lovin` it

bring` mir was vom Drive In mit

ha, ha

kurz gelacht

nicht bedacht

dass I `m lovin` it

dicker macht

Achtung eine Durchsage

die kleine Liebe

möchte bitte

im Kinderland

abgeholt werden

sie ist fünf Jahre alt

und vermisst

ganz furchtbar

ihre Mami

Mei Bua

der hod rote Haar

mei Bua

der konn sogar

Computer spuin

und zeitgleich mit de Schwachn fuin

mei Bua

konn no herzhaft lacha

mei Bua

wui oiwei varruckte Sacha macha

Kindskopf sei

als waar a erst drei

mei Bua

hod a sonnigs Gmüad

is aa no freindlich

wenn er verliert

fast naiv

denkt imma positiv

mei Bua

i hob `n gern

mei Bua

wenn i d` Welt oschau

woaß i ned genau

wos soit aus dia bloß werdn

Krise

- wie miese

du hast mich versetzt

ich bin eitel und verletzt

hättest auch anrufen können

um mich in Sicherheit zu wähnen

so wartete ich ungewiss

hatte um dich Schiss

nicht versichert - wo bist du bloß

die Hoffnung

wurde hoffnungslos

warten

warten macht wehrlos

ehrlos

es klingelt - da bist du ja

Zugverspätung, ich weiß, na klar

bin dir nicht böse, ich schwör`

eher geht ein Kamel durch ein Öhr

lassen wir `s dabei beruh`n

mit unsrer Zukunft hat es nichts zu tun

ich wollte es dir nur sagen

und stell` bitte keine Fragen

Hast du deine Medizin vergessen

dass du schon wieder grienst

ich gestatte mir, bin so vermessen

dir zu sagen, dass du sie so nie gewinnst

und hör` auf, diese traurigen Songs zu hören

die dein Gleichgewicht nur noch mehr stören

dich runterzieh`n

dessen Name ohnehin

lautet: Labil

so wirst du nie stabil

was, du willst nicht

übst dankend Verzicht

dann sei `s dir unverhohlen

kurzerhand befohlen

ich bin der, der fortan nicht mehr verzeiht

deine Orgien, triefend vor Selbstmitleid

sie dir nicht mehr abkauft, deine Nummer

vom ewig währenden Liebeskummer

vergiss sie endlich, sie hat dich verletzt

grab` dich aus und lebe wieder - hier und jetzt

I schreib koane Liebeslieda mehr

sie san mir zu kitschig

und zu wahnwitzig

illusionär

und so verdammt vulgär

i schreib koane Liebeslieda mehr

ois geht vorbei

Dellusionen, Frustrationen

Kurzschlussreaktionen

und die Liebenden sagen

du kotzt mich an

Weltuntergang – Weltuntergang

vogelfrei

gepeitscht vom Wind

wart i bis da Winta kimmt

Toleranzionen, Emotionen

vorbei is aus, aus is vorbei

es bleibt dabei

i schreib koane Liebeslieda mehr

folge mir ins Traumland

wo Donald Duck

de Marylin Monroe vernascht

Vibrationen, Perversionen

überoi, wo i schau

i woaß genau

i schreib koane Liebeslieda mehr

Missverständnis

Eingeständnis

wos kannt `s bessas gebn

als a neues Lebn

Scheidungen

Vermeidungen

wos kannt bessa sei

als greift ma ei

schuid bist ned du

schuid bin ned i

schuid is da Wind

wui ned wia du
wuist ned wia i
woin beide, dass da andere gwinnt

Trennungen
auf einmal Hemmungen
Beklemmungen
bis hin zu Lähmungen
schließlich Kollabieren
nix mehr spüren
kein Berühren
alles verlieren
hilflos plärr`n
Weg versperr`n
panisch wer`n
gern
tu` ich das nicht
es ist wie Gicht
wenn dein Gleichgewicht
auseinanderbricht

Beruhig` dich
du benötigst Worte des Trosts
verdammter Sklave des Prosts

dunkler Patron

auf deinem düsteren Thron

zwischen herbstlichen Nebelschwaden

und verderblichen Lebenseskapaden

seltsam bedrückt

seltsam entrückt

witterst Betrug

bist auf Entzug

jetzt, wo er nicht da ist

geht er dir ab

als er da war

wünschtest du ihn ins Grab

beruhig` dich

du hast `s bald überwunden

ich hab dein weiteres Schicksal

geseh`n und für gut befunden

Vor `m Wohnwogn sitzn

in da Hitz und schwitzn

du mit mia

i mit dia

nix sogn

se einfach vatrogn

und gspürn

i konn di ned valiern
jedazeit
do und meilenweit
i konn mi auf di valassn
so konn i ganz gelassn
baumeln, diesen
Moment genießen
vor `m Wohnwogn sitzn
nix sogn

Unterdessen hab` ich Zeit
da meine Seele nicht mehr schreit
denn nach dem Geheule
blieb mir zwar `ne Beule
doch ich bin innerlich wieder heil
und das ist doch supergeil
finde Raum für wohlige Gefühle
bedien` sogar die Spüle
so dass mein Kühlschrank meint
ich hätte nicht umsonst geweint
es zu beurteilen, fällt schwer
- vielleicht nur temporär

Und schon weckt der Übermut

revolutionäres Gedankengut

hasardieren

Kopf und Kragen riskieren

das Ziel nicht verlieren

immer wieder Neues probieren

Anderes erleben

nehmen anstatt geben

eine perfekte Art des Egoismus

das ist es, wo mein Ego hin muss

wo Selbstsucht nicht mehr stört

weil sie sich aus sich selbst ernährt

keinen versetzt

keinen verletzt

in sich energetisch kreisend ist

da in Stein gebrannt

und richtig angewandt

niemand etwas vermisst

nennen wir es Egoismus futur

das Dumme per se ist nur

in der heutigen Zeit

ist zu selbstloser

Selbstliebe

kein Mensch bereit

Brille beschlagen, bisweilen beiläufig

beliebte Besonderheit besoffenen Beisammenseins

bleib beim Brandy, Boy

subtile Sinneswandel stauchen Schwerenöter

sagte sie siebenklug, scheinbar sorglos

Schockzuständen

vorsichtig vorbeugend

vielleicht versteht Verlorenes Vergangenheit

vorerst vorläufig vollkommen verdreht

zumal Zusammenhänge zünftig Zins zeigen

zusätzlich zum Zukunftszeichen

Zustand: zur Zeit zerliebt

leichtes Licht labt laute Libido

Leute, Leute

Liebende labern lustige Lyrik

- beginnen

sich

vorsichtig

zu

lieben

Weil i des woaß

steht `s um mi vorzüglich

weil i des woaß

konn i ganz gemütlich

Luftschlösser baun

zuversichtlich in die Zukunft schaun

weil i des woaß

bin i nia mehr alloa

weil i des woaß

konn i oiwei des doa

wos i wirklich sexy find

lacha, glücklich spuin wia a kloans Kind

weil i des woaß

bin i offen nach olle Seitn

weil i des woaß

konn mi nix verleitn

zum macha, wos i ned wui

und des is a affenscharfes Gfui

wos woaß i überhaupt

`s Leben konn so schnei vageh

im Vergleich zu andere

kannt `s ma ned bessa geh

jeda Dog, is da liabste Dog

weil i woaß, dass i mi mog

Hattest du noch Zweifel

warst du etwa gegen mich

pilgere zur Eifel

du findest keinen, der besser ist als ich

ich bin dein Extrem

mit mir, da ist `s unbequem

kannst ohne mich nicht leben

ich zelebriere dein Erbeben

bei jeder Berührung

zergehst du in ehrfurchtsvoller Rührung

bin dein Herzer

dein Verschmerzer

dein Macho

mit vollem Caracho

Befriediger

Erniedriger

der dich wundervoll bewegt

immerzu erregt

das Prisma im Angesicht des Lichts

im Falle des Falles

verspreche ich dir alles

doch ich halte nichts

weißt du, wie du jetzt vor mir sitzt

- ausgenützt

Dad i doa

wos du woitast

woitad i wia du

waar mei Wuin wia deina

ganz andas als meina

dad i denga

wia du woitast

dengad i wia du

waarn meine Gedanken deine

ganz andas als meine

dad i fuin

wia du woitast

fuiad i wia du

waar mei Gfui deins

ganz andas als meins

dad i ois so

wia du woitast

waarn ma gleich und ned zam

wei bekanntlich is `s doch so

Gegensätze ziagn si o

Versteht man die Liebe als Verwaltungsakt

besteht kein Anspruch, das ist Fakt

und wie ist `s mit

pflichtgemäßem Ermessen

bist du nicht fit

das kannst du vergessen

hast wohl das Recht nicht studiert

und unwichtiges And`res ausprobiert

ja, darf ich dich dann wenigstens verführen

spinnst wohl, das kostet Gebühren

und subsumiert grenzen deine Worte

die gesamten

beinahe an die Beleidigung

von Beamten

ihr vom Staat seid doch alle nicht gescheit

brauchst wohl `nen schriftlichen Bescheid

nee, ich hab` nämlich keinen Antrag gestellt

so dass unser Gespräch hiermit verfällt

Versuchungen von Berufs wegen

mehr Fluch als Gottes Segen

ich sprach anfangs vom Essen

bin nunmehr total versessen

in ein Girl

traf `s geschäftlich im Whirl

im Pool

ich Fool

hab` ihre Adresse vergessen

und mich vermessen

ans Telefonregister gehängt

die Worte meiner Frau

ich erinn`re mich nur zu genau

für kurze Zeit verdrängt

schon erhob sich ein Zeigefinger

lasse diese jungen Dinger

so dass ich meinen Bedarf

augenblicklich wieder verwarf

„Appetit kannst du dir wo anders holen

aber gegessen wird daheim"

schlich in mein Gewissen auf leisen Sohlen

für dies` Kapitel war `s der letzte Reim

Und die Liebe ist stark
die Liebe ist groß
die Liebe ist wichtig
also liebe einfach los

Lirum

larum

beachte

dich als

wichtig

wer nur das betrachtet

liebt nicht

richtig

larum

lirum

betrachte

dich als

nichtig

wer das beachtet

liebet

richtig

Ich bleibe eingeloggt

denn eventuell

geschieht emotionell

was verlockt

mich entzückt

neu verliebt

du und deine Liebe

bist doch ungeachtet aller Triebe

ein Gelichter

Seitenvernichter

das Papier nicht wert

so dass sich bereits der Wald beschwert

Moment, es geht doch auch um dich

sicherlich

aber nicht nur

keine Spur

es geht um Liebe

was sollen also diese Seitenhiebe

vermerke, es wird sich lohnen

dringe vor in neue Dimensionen

Cyber Love

in der digitalen Welt

ich bin dein Server

tu `s für Geld

bringe jedes gewünschte Bit

in unsere Beziehung mit

gleite über meinen Touch-Screen

mit deiner Maus

ich halt` auch täglich

hunderte von Downloads aus

meine Dateien törnen

mein Pentium vibriert, wenn ich komm`

und du kannst mit mir burnen

Liebesschnulzen auf CD-Rom

die richtige Stimmung und den nötigen Pep

besorgt dir mein World Wide Web

jetzt weiß ich, wie das geht

das Staunen von Klötzen

aber auch - wir haben einen neuen Götzen

ich fahr` runter und habe unterdessen

ganz das neueste Update vergessen

Oans zwoa drei

mit da oidn Liab is `s vorbei

vier fünf sechs

suach ma gschwind a neie Hex

siebn acht nein

wen soi i bloß wähln

nein acht siebn

san alle so durchtriebn

sechs fünf vier

wia waar `s mit dia

drei zwoa oans

a sichas Rezept gibt `s koans

Männa

kenna

ganz anders als Fraun

vertraun

Fraun

traun

anders als Männa

liaba jemandn, den s` kenna

und so vertraun

Fraun

Männa

nur wenn `s es kenna

ko oiso

a Mo

si traun

und a Frau vertraun

Franzolin

frund

Fridolin

fragten

Friederike

frogelfrei

frie

frit

frihr

das Frögeln sei

Friederike

frantwortete

franz

frarbengrell

frohgemut

frund

fritzeschnell

Du holst dir die benötigte Liebe

vor der Glotze

hast keine Lust mehr

auf das Geprotze

in freier Wildbahn

es widert dich an

sagst, schau

im TV

ist Liebe hübsch und farbig verpackt

es gibt sie im Minutentakt

jeden Tag als daily soap

sie ist dein täglich dope

aus der Konserve

deine heimliche Reserve

fieberst mit den Schicksalsschlägen

als ob die Starlets vor dir lägen

die dir die heile Welt vorgaukeln

dich mehr und mehr verschaukeln

und das Schlimmste an der Misere

hoffentlich ist `s nur ein „wäre"

die Gehirnzellen sterben ab

besinne

dich, halt` inne

nur weil man dir „live" keine Liebe gab

Ich besann

mich dann

ging also spazieren, flanierte

als wie auf Knopfdruck

ein Kopfruck

meine Aufmerksamkeit installierte

das Geräusch eines Kusses

glich dem eines Schusses

in mein Herz

es war kein Scherz

Bussi, Bussi

schrie die Tussi

dort an der Ampel

welch ein Trampel

und schnalzte einen Schmatz

in phongeschwängertem Maße

quer über die Straße

hinüber zu ihrem Schatz

der sie ohnehin nicht hörte

weil sein lauter i-Pod störte

da vergeht dir doch bei aller Exotik

deine gesammelte Erotik

Tussi hatte zwar schöne Beine

aber bevor so

geh` ich lieber auf `s Klo

stecke den Finger in den Mund

tu` meiner Abscheu kund

und liebe alleine

Im Wertstoffhof fand ich

unbeabsichtigt sicherlich

in der hintersten Ecke

unter einer Hecke

wie putzig

aber ganz schön schmutzig

ein Plastikherz, klitzeklein

und ließ mich auf eine Unterredung ein

weshalb liegst du da

die Antwort: tralala

sie kam bestimmt

was mich benimmt

warum sagst du das

warum fragst du was

ich will, dass du ´s sagst

ich will nicht, dass du fragst

das Verhalten schockierte

mich, irritierte

meine Gegenwehr lag brach

als das Herz ganz simpel sprach

liebe mich nicht

dann lieb` ich dich

raffst du es

so schaffst du es

dann bist du mein King
o. k., sagte ich - und ging

Schwammerl suacha
an Woid aufsaugn
do links a Buacha
jeds Blattl oschaugn
bemerkst ihre Ecker
d` Frucht schmeckt lecker
und `s Moos federt weich
unta deine Schua
du schwebst elfengleich
in vollkommener Ruah
durch eine Lichtung
in de richtige Richtung
atmest tiaf Luft
an erdign Duft
des is Wellness pur
dei Liebe zur Natur

Und ich höre das Gekläff` von Hunden
zähle verstört die Stunden
ich weiß nicht, welcher Virus in mir steckt
oder ist `s vielleicht ein genetischer Defekt

also back to the roots

but where are my boots

und kaum sprudelt `s aus mir raus

bricht akut der Notstand aus

weil olle, egal ob `s betroffn san

augenblicklich im Kreis `rum fahrn

und aktiv san ohne Ende

setzen in Kraft behände

eine Maschinerie

läuft sie mal, stoppt man sie nie

und sie vermögen zu steuern

dabei ihre Unschuld beteuern

zu schaffen ein Perpetuum Mobile

den Sinn drin glauben viele

ich nicht

ruf` ich

mir verwehrt sich die Sicht

doch ich find` kein Gehör

ich mach `s nie mehr, ich schwör`

so steht` s

so geht` s

so gewinnt die Umlaufbahn

des globalen Irrsinns immer mehr an Wahn

und Liebe und Gefühl sind stets außen vor

das war der Tag

an dem ich den Glauben verlor

Oh Gott, ich hab` dich umgebracht

aus Liebe - gute Nacht

Schockschwerenot

jetzt bist du tot

weiß nicht wohin

nur weg, kam mir in den Sinn

und ich rannte

suchend nach `ner Pointe

stand

schließlich am Strand

und fand

Sand

in dem ich dich verscharrte

hoffend

dass ich meine Verfolger narrte

ich dachte, ich wär` heller

doch die Polizei war schneller

klicke Schellen

des Weckers Bellen

als ich dann endlich erwache

glaub` ich `s nicht

blicke in dein Traumgesicht

und lache

Mein Wahnwitz

endet im Witzwahn

in Lachen

perfide Sachen machen

ohne hohes Niveau

also

gib mir was Leichtes

nein, nie Erreichtes

ich liebe mich selbst nicht mehr

das habe ich nie erreicht

es ist mir zu schwer

wie wär `s mit

Liebe zu dritt

oder ich liebe mich sehr

ist mir zu seicht

mit dir ist `s....

ich versinke im Meer

der Belanglosigkeit

....schwer....

ohne Wahrnehmung der Zeit

....angesichts

Wahnwitz

ist Witzwahn....

Sachen

machen

....nicht leicht

bestimmt oder vielleicht

Mei Herz, des klopft

permanent und penedrant

wia a Wasserhahn, der tropft

i hob `s da no ned gsogt

vielleicht sog i da `s

bestimmt ned heit

bestimmt sog i da `s

vielleicht ned heit

mei Herz klopft laut

ganz wuid durcharanand

fui mi ned wohl in meiner Haut

i hob `s da no ned gsogt

gwiß sog i da `s

aba ned heit

aba i sog `s da

gwiß - ned heit

mei Herz, des klopft

is außer Rand und Band

meine Gefühle san verstopft

i hob `s da no ned gsogt

glaub, i sog da `s

i woaß ned wia

i woaß, i sog da `s

glaub i, nia

Liebe ist ein Gas

waaas

war nur Spaß

Liebe ist ein Zustand

interessant

unbekannt

Liebe ist ein Molekül

spiel`

denk` nicht zu viel

Liebe ist Chemie

mit Ironie

verstehst du sie nie

Liebe ist ein Element

oft renitent

nicht immer präsent

Liebe bist du

mach` die Augen zu
und saug` dich auf in Ruh`

Ned aufsteh
einfach sandln
in mia aufgeh
de Zeit vertandln
no a Stück tramma, philosophiern
se in sich seibst valiern
einfach ausspanna und bewusst
vagessn, wos ma längst gewusst
und oan bewegt hod
ma stundnlang übalegt hod
auf oamoi is d` Lösung ganz einfach
wei ma einfach
einfach denkt
di nimma da Vastand
obwoi allgemein anerkannt
sondern `s Herzn lenkt
ma bodt in am perlenden Fluss
ois sprudlt raus wie aus einem Guss
da Megaflow
a Supershow
total relaxed

top gesetzt

yeah, Mo

passt scho

ich liebe diese Tage

an denen ich nichts hinterfrage

Warum versetzt Blaukraut dem Brautkleid nur den

Exodus

warum verursachen kleine Marotten den

Beziehungsschluss

warum bringt mangelnde Zahnpflege Ärger ein

sind wir zu klein, sind wir zu klein

lich

warum bewegt sich ein Lover im BMW besser fort

warum stinkt es immer im Männerabort

warum fängt sich immer **er** einen Korb ein

sind Frauen zu klein, sind Frauen zu klein

lich

warum schreiben nur die Sensiblen Liebesgedichte

warum bestimmen nur Idioten die Geschichte

warum schenkst du dir nicht noch ein Glas ein

bist du zu klein, bist du zu klein

lich

warum sag` ich dir nicht, was ich fühl`

warum bin ich dir gegenüber immer so kühl

warum gestehe ich mir meine Mängel nicht ein

ich bin zu klein, es ist pein

lich

Im Ausland gwen

allerhand Fremdes gsehn

vui inhaliert

nix kapiert

auf Anhieb

später dann doch

wei mei Antrieb

vadrogt koa schwarzes Loch

deutsch sei

is do

Mensch sei

überoi wo

`s Menschn gibt

und wo ma liebt

auf da ganzn Welt gibt `s Besonderheiten

de oan zum Vorurteil verleiten

dagegn muaß ma wos doa

zoag`n, i dua `s aa alloa

wenn i unterwegs bin, mog i probiern

wui andere Kulturen hemmungslos spürn

und wenn sie sonst noch etwas für mich übrig hätten

gebn `s ma `s

i nehm ma `s

ich steh` nämlich voll auf örtliche Spezialitäten

Nehm `s gern in den Mund

ich liebe meinen Hund

den ich nicht habe

Gott sei Dank, denn Hunde haben die Gabe

dass sie bellen, wenn es stört

immerzu und überall

ein Überfall

der sich nicht gehört

außerdem

gibt es ein Problem

wenn sie vor dir steh`n

wollen Gassi geh`n

du nimmst widerwillig

die Leine

es wär` dir billig

du hättest keine

und stapfst mit freudigem Gewinsel

hinter dir

- da hilft auch kein Blutgerinnsel

durch die Hintertür

in den Sturm hinaus

sieh `s positiv

auch wenn dem nicht so is`

es bildet deine Fitness aus

denn bist du bei jedem Wetter unterwegs

stärkt dies gegen Erkrankungen des Atemwegs

aber was ist das gegen das Gesabber

das knirschende Geknabber

von Knochen

zermalmt und zerbrochen

Erhöhung der Hundesteuer

Fressen viel zu teuer

ich liebe meinen Hund

jetzt und zu jeder Stund`

aber lieber von der Ferne

was ich nicht hab`, habe ich gerne

Immer dein Liebesgezeter

das bringt doch keinen Meter

versuch `s mal esoterisch

nicht immer nur hysterisch

so mit Ying und Yang

an einem sonnigen Weinberghang

wirst sehen

Esoterik hilft dir lieben

umzugehen

mit deinen Trieben

oiso zünd` i a Räuchastabal o

und esotier`, wos i nua ko

Sonnwend

mystische Macht

wenn die Geister behänd

tauschen Tag und die Nacht

Sonnwend

mythisches Spiel

mit dem die Götter umdreh`n

Gespür und Gefühl

fühl` dein Gespür

spür` dein Gefühl

lass` dich ein, sei dafür

spiel` dieses Spiel

Sonnwend

aus dunkel wird hell

vertrau` den Gezeiten

die deine Sinne leiten

Sonnwend
Bote der Finsternis
folgend dem Trend
liegt der Tag bald hinter sich
liebe den Tag
tage bei Licht
ich leb` wie ich mag
die Nacht mag ich nicht
Sonnwend
und passend zum guten End`
bedeutet die Sonne in dir
die Wende in mir

Ich könnt` Liebesbriefe schreiben
den schönen langen Tag
ich könnt` jauchzen vor lauter Freuden
weil ich SIE so mag
doch dunkle Wolken zieh`n am Himmel
drohend sind sie und schwer und grau
vermag mich IHR nicht zu offenbaren
meiner Wahl, meines Herzens Frau
als schüchterner Galan steh` ich vor IHR
der aus scheuer Angst Märchen erfindet
nur um IHR nicht ins Antlitz zu sagen

aus Liebe zu dir bin ich erblindet

es brennt und zerrt in meinem Herzen

zerreisst mich schier in tausend Teile

möcht` IHR sagen: ach, sei mir gut

schenk` dich mir für eine Weile

an Zeit

genannt die Ewigkeit

Bin elegisch

bin ästhetisch

verlegen

verwegen

bin euphorisch

bin metaphorisch

versprüht

verglüht

bin enthusiastisch

bin fanatisch

veraltet

verwaltet

bin apathisch

bin telepathisch

versonnen

versponnen

bin ich

bin ich

verrückt

verzückt

bin ich

bist du

in mich

verliebt

- nein

versiebt

Koa Zeit

nua in Hetz

hob` Angst

dass i di vesetz

versetz dia

und mia

als Konsequenz

nebnbei a Kondolenz

habe die Ehre

ois für d` Karriere

Hauptsach`, geschäftlich tough

no time for love

wei i muaß zwingend schaugn

mit offne, ned mit rosarote Augn

wo i bleib

wia i ma d` Zeit vertreib

und wenn mi dann

da Stress hinrafft

konn i wenigstens sogn

i hob `s gschafft

mei, wia war i doch doof

no time for love

So jagst du durch die Jahre

siehst sie kommen und geh`n die Paare

in deinem Umfeld

dem Dunstkreis deiner Umwelt

hast dir eine Existenz aufgebaut

deinem Partner blind vertraut

vielleicht ging `s gut

vielleicht verlosch die Glut

weil die gemeinsame Basis zerrann

und eine neue Beziehung begann

alles war nötig, notwendig

Veränderung ist ständig

Hauptsache, du hast dich nicht verloren

fühlst dich ab und an wie neu geboren

arbeitest an deinem Weg

und sei `s auch nur ein schmaler Steg

auf dem du Kunststückchen vollführst

bloß dass du den Boden nicht berührst

ich seh` dein Bestreben

deinen Balanceakt zu leben

glaube mir

ich bin stets mit dir

trotz aller Mängel

begleitet dich ein Engel

über all` deine Zeit

sicheres Geleit

ich will, dass du das weißt

ob du es annimmst, entscheidet allein

- dein Geist

Vatrau ma

dann schau ma

i bin dei Schutz

i bin dei Trutz

i bin dei Berg

i bin dei Burg

i sorg

für dei Heil

is des Angebot ned geil

i gib da Hoit

egal

ob`s d` jung bist oda oid

46 ist eine Zahl

die ich bei aller Liebe

von Mal zu Mal

lieber bliebe

sie ist mein Alter

von der Gestalt her

nicht zu alt

doch schon bald

verändert sich der Zähler

häufen sich die Fehler

verhindert die Verwesung

senil meine Genesung

es hilft kein Lamentieren

man hat sich zu arrangieren

denn eigentlich ist man ja so gebaut

wie sein Feeling

und für die Runzeln auf der Haut

gibt es permanentes Peeling

47 ist eine Zahl

Der Glanz der Trauringe ist längst verblichen
die Gesichtszüge haben sich angeglichen
die Mundwinkel meist nach unten
man hat sich gefunden
keine gesteigerte Lust mehr, sich zu paaren
ein Ehepaar in den besten Jahren
die Kinder nun flügge, ziehen aus
jetzt sieht alles anders aus
der gemeinsame Fixpunkt ist perdu
gefragt ist ein neues Festmenü
sich neu definieren
umorientieren
sein Leben neu gestalten
wenn auch angemessen und verhalten
gemeinsam, wenn `s geht
das wär` gefragt
wer `s versteht
hat nicht versagt
und den Grundstock gelegt
für paarweises Altern in Würde
gleichberechtigt und gepflegt
gefeit gegen jede künftige Bürde

Ich bin `s, nunmehr alt und weise

der still und unheimlich leise

mit viel Liebe und mit Freude

errichtete ein Wortgebäude

hab` mich wochenlang geschunden

nunmehr ist `s als Buch gebunden

aus der Saat im Kopf wurde ein Keim

hab` das Meinige getan, ich geh` jetzt heim

und probiere mich im Joggen

vergaß auch nicht, mich auszuloggen

doch eines lasst mich zum Schluss noch sagen

die Antwort auf die zentrale eurer Fragen

bei allen Turbulenzen in meinem Ich und Über-Ich

ich liebte immer nur die eine

- dich

für Monika
Gröbenzell, 2008

Herstellung und Verlag:
Books on Demand GmbH, Norderstedt
ISBN: 978-3-8370-5827-7